Nouvel Examen des inscriptions de Zindjirli.

L'épigraphie sémitique n'est pas encore arrivée à un degré
de certitude tel qu'on puisse se passer de fréquentes revisions.
La récente publication du *Handbuch der nordsemitischen Epi-
graphik* (I Teil, Text), par M. Mark Lidzbarski, me fournit
l'occasion de soumettre à un nouvel examen les inscriptions
de Zindjirli, auxquelles j'ai consacré une étude assez développée en 1894. Depuis lors, aucun travail n'a paru sur ces
textes importants, du moins à ma connaissance. Mais le désin-
téressement de nos sémitisants n'atténuerait pas à mes yeux
le devoir d'améliorer ma première tentative de déchiffrement
et d'interprétation. Pour ce qui est relatif au côté matériel et
graphique, les photographies offertes dans l'atlas de M. Lidzbarski et faites avec le plus grand soin possible font disparaître
une foule de lectures ou de suppositions antérieures, et ces
corrections matérielles entraînent naturellement des modifications inévitables dans les explications verbales. Mais les chan-
gements les plus remarquables que je soumets au lecteur dans
la présente notice découlent de la conviction que j'ai acquise,
après de longues recherches, que la langue de ces inscriptions
possédait, outre une collection de mots particuliers, certaines
formes grammaticales qui n'ont pas été reconnues du premier
coup. Toutes ces circonstances nouvelles m'ont engagé à
mettre le vocabulaire de ces deux inscriptions au niveau des
améliorations actuelles. J'ai aussi cru nécessaire de reproduire
l'inscription araméenne de Barrekoub, dite inscription architecturale. Les corrections que j'y ai introduites se rapportent
aux mots ורצת (8) et לישה (16), lus exactement par
M. Eduard Sachau, et que, égaré par un mauvais estampage,
j'ai eu le tort de contester à deux reprises différentes.

INSCRIPTIONS HÉTÉENNES.

A. *Inscription de Panamou = Stèle de Hadad (H).*

TEXTE

אנך פנמו · בר · קרל · מלך · יאדי · זי · הקמת · נצב · זן · ‎1
להדד · בעלמי

1

2 קמו · עמי · אלהו · הדד · ואל · ורשף · ורכבאל · ושמש · ונתן ·
בידי · הדד · ואל ·

3 ורכבאל · ושמש · ורשף · חטר · חלבבה · וקם · עמי · רשף ·
פמז · אחז ·

4 ביד . . . . . הֹא · פלֹח . . . . ומז · אשא]ל · מן]·[אלהי · יתנו ·
לי · ושנם · חויו ·

5 . . . . ל . ארק ·
שערי · האל

6 . . . . ארק · הטי ·
וארק · שמי

7 וארק . . . . . . אז · בֹ . רֹת · . . . . ימי · הֹ . . . י . . יעבדו ·
ארק · וכרם

8 שם · יש]ב . . . . . . סֹ . . . . פנמו · גם · ישבת · על · משב · אבי ·
ונתן · הדד · בידי

9 חטר · חל]בבה[. . . . . . ת . . . . . הרב · ולשן · מן · בית · אבי ·
ובימי · גם · אכל · ושתא · יאדי

10 ובימי · יתמר . . . . קֹי · לנצב · קירת · ולנצב · זררי · ולבני ·
כפירי · חלבב . . . . יקח

11 אש · רעֹיה · ויתֹר · הדֹד · [ור]אל · ורכבאל · ושמש · וארקרשף ·
וכברו · נתנה · לי · ואמֹן · יכרֹת

12 בי · ובימי · חלבת . . . . ת . יהב · לאלהי · ומת · יקחו · מן · ידי ·
ומה · אשאל · מן · אלהי · מת · יתֹר

13 לי · וארקו · וֹש . . . . קרל · אלהי · מת · פלו · נתן · הדד ·
מת · ל . . . תֹי קרני · לבנא · ובחלבבתי

14 נתן · מת · הֹד]ד[. . לבנא · פבנית · מת · והקמת · נצב · הדד ·
זֹן · ומקם · פנמו · בר · קרל · מלך

15 יאדי · עם · נצב · חֹד . . . מן · מן · בני · יאחז]·[חטֹ]ר · וישב ·
על · משבי · ויסעד · אברו · ויזבח ·

16 הדד · זֹן · וֹ . . . . יֹ . . נשי · ויזבח . . . ס . . א יזבח · הדד ·
ויזכר · אשם · הדד · או

17 . א · פא · יאמר · [תאכ]ל · נבש · פנמו · עמך · ותשׁתי · נׄבש ·
פנמו · עמך · עד · יזכר · נבש · פנמו · עם

18 [ה]דׄד · יאֹמׄר · . . . . . ⁚ · זבחה · זא · פתכׄ . . . רקי · בה · שי ·
להדד · ולאל · ולרכבאל · ולשמש

19 . . . . . . נ · . פׄ[נׄ]מֹו · . . . ב . . . . . . י · . . ק · זא · פב . . . ה . והושבת ·
בה · אׄלׄהׄי · ובחלבבתׄה · הנאת

20 . . . . נתנו · לי · זרע · חבא · . . . . . . י · . . אֹמ . . . בני · יאחז ·
חטר · וישב · על · משבׄי · מׄלך

21 על · יאדי · ויסעד · אברו · ויזׄבֿׄח · הדד · [זן · ויזכׄ]ר · אשם ·
פנמו · יאמר · תאכל · נבש · פׄ[נׄ]מֹֿו · ⁚

22 עם · הדד · ותשתי · נבש · פנמו · עם · הׄ[דׄ]ד · הא · . . . . . .
חהן · זבחה · ואל · ירקי · בה · ומז ·

23 ישאל · אל · יתן · לה · הדד · והדד · חרא · ליתכה · . . . .
אל · יתן · לה · לאכׄל · ברׄגז

24 ושנה · למנע · מנה · בלילא · ודלה · נתן · לה · . . · י
איח . . . מודדי · כומת . תֿי

25 יאחז · חטר · ביאד[ן] · וישב · על · משבי · וימלך · . . . · וישלח ·
ידה · בחרב · ב . . . [בי?]ֿתׄי · או

26 . . . . החמס · אל · . יהרג · או · ברגז · או · על · א . . . א ·
ל . . . י · מֿ[ו]מׄת · או · על · קשתה · או · על · אמרתה ·

27 . . . . חה · ירשׁי · שׁחת · באשר · חד · איחה · או · . באשרׄ ·
חד · מודדיה · או · באשר ·

28 הדה · איהתה . . . . ירשׁי · שׁחת · יגנב · איחיה · זכרי · ויקם ·
ותה · במצעה · מת · נשה

29 יאמר · אחכם · השחת · והנ . . . א · ידֿיה · לאלה · אבה · נשה ·
יאמר · הן · אם · שמת · אמרתׄ · אל · בפם ·

30 זר · אמר · קם · עיני · או · דלח · או . . . . י . . בפם · אנשי ·
צרי · פֿהנו · זכר · הא · לתגמרו · איחה

31 זכרו · פלכתשה · באבני · והנו · ר . . . . רן · איחתה · פלכתשנה ·
באבני · והנו · לו · שחת ·

32 באשרה · ותלעי · עינך · בא . בֹּבֹ · וֹ . . . . על · קשתה · או ·

על · גברתה · או · על · אמרתה ·

33 או · על · נדבה · את · פא · ישרה · ב . . ר . . . . . ו · תהרגה ·

בחמ . · [או ·] בחמא · או ·

34 תחק · עליה · או · תאלב · אש · זר · להרגה · י · . . . .

. . . מֹו

TRADUCTION

1. (C'est moi) Panamou, fils de Korul, roi de Ya'di, qui ai érigé
   cette stèle à Hadad, seigneur des eaux (?).
2. M'ont assisté les dieux (?) Hadad et El et Rešef, et Rekoubel et
   Šemeš. Et Hadad, ainsi que El
3. et Rekoubel et Šemeš et Rešef, m'ont donné le sceptre de majesté. Et Rešef m'a assisté et ce que je tiens
4. dans [ma] main. . . et ce que je demande à mes dieux, ils me
   l'accordent et ils m'ont annoncé la grandeur (?).
5. . . . .
   . . . . pays d'orge. . .
6. . . . .
   . . . . pays de froment et d'ail (?)
7. et pays. . . . .
   . . . . cultive la terre et la vigne.
8. Là a demeuré. . . . Panamou, et aussi je me suis assis sur le
   siège de mon père. Et Hadad m'a donné dans la main
9. le sceptre de m[ajesté]. . . . . l'épée et la mauvaise
   langue de la maison de mon père. Et de mes jours aussi Ya'di
   a mangé et bu
10. Et de mes jours. . . . à la stèle (?) des villes (?) et à la stèle (?)
    . . . et aux fils des guerriers (?) majesté (?) prend
11. un homme, une compagne (?). Et quant à l'abondance (?), Ha-
    dad ainsi que El et Rekoubel et Šemeš et Arqrešef (?) et ses
    Cabires me l'ont donnée . . . .
12. avec (?) moi. Et de mes jours j'ai voué un . . . d'or (?) à mes
    dieux et aussitôt ils l'ont accepté de ma main, et ce que je
    demande à mes dieux, aussitôt j'en reçois davantage
13. pour moi et. . . et . . . Korul les dieux (?) aussitôt, et Hadad
    n'a jamais donné à. . . le pouvoir pour construire. Et dans ma
    majesté
14. a donné aussitôt Hadad. . . pour construire, et j'ai construit
    aussitôt et j'ai érigé cette stèle de Hadad. Et le lieu de Pana-
    mou, fils de Korul, roi de
15. Ya'di avec la stèle. . . quiconque de mes enfants tiendra le sceptre

et s'assiéra sur mon siège et fera un festin à ses guerriers et sacrifiera à

16. ce (?) Hadad. . . et . . . hommes et sacrifiera. . . il sacrifiera à Hadad et mentionnera le nom de Hadad ou. . . .

17. . . ici (?) dira : L'âme de Panamou [man]gera avec toi et l'âme de Panamou boira avec toi. Encore il mentionnera l'âme de Panamou avec

18. Hadad. Il dira. . . . ce sacrifice. . . . en lui, un don (?) à Hadad et à El et à Rekoubel et à Šemeš.

19. . . . . Panamou. . . . ce. . . alors je l'ai [construit?] et j'y ai placé les dieux (?). Et dans ma majesté, j'ai prié (?)

20. . . . . m'ont accordé une postérité. . . . . mes fils prendra le sceptre et s'assiéra sur mon siège, en roi,

21. sur Ya'di, et fera un festin à ses guerriers et sacrifiera à ce Hadad et mentionnera le nom de Panamou ; il dira : L'âme de Panamou mangera

22. avec Hadad et l'âme de Panamou boira avec ce Hadad-là. [Et s'il ne le dit pas, que Hadad rejette] son sacrifice et ne l'agrée pas, et ce qu'il

23. demandera, que Hadad ne le lui accorde pas. Et Hadad. . . . . qu'il ne le laisse pas manger à force de chagrin (?)

24. et qu'il le prive de sommeil la nuit et (que) le trouble lui soit (?) donné. . . . les gens (de ?) mes amis. . .

25. prendra le sceptre en Ya'di et s'assiéra sur mon siège et régnera . . . et tendra sa main à l'épée. . . . ou

26. . . . . violence, qu'il ne tue pas, ou par le chagrin (?) ou sur . . . . . ou sur son arc, ou sur sa parole

27. . . . . . . pratiquera la destruction à la place d'un de ses familiers, ou à la place d'un de ses amis, ou à la place

28. d'une de ses familières. . . . . pratiquera la destruction, fera voler (?) par ses familiers mon monument et l'érigera dans un milieu (quelconque), aussitôt il commettra un crime.

29. Si votre frère dit : Détruis et . . . . sa main sur le dieu de son père, commet un crime. Si l'on dit : « Certes, si tu mettais ces paroles dans la bouche

30. d'un étranger! », dis : Que mon œil soit engourdi ou troublé, ou [obscurci si ma bouche est avec] la bouche des gens ennemis, et si celui qui parle pour que tu le détruises est un familier,

31. son serviteur, alors qu'on l'assomme avec des pierres. Et si . . . . sa familière, alors qu'on l'assomme avec des pierres. Et si tu n'as pas détruit

32. à sa place, et ton œil. . . . . . sur son arc, ou sur sa force, ou sur sa parole,

33. ou sur sa libéralité. Toi, ici . . . . . tu le tueras avec. . . . . ou avec . . . . . ou

31. tu lanceras des flèches sur lui, ou tu ordonneras à un homme
étranger de le tuer. . . .

NOTES

2. La lecture אלהן étant maintenant certaine, le suffixe
ון—, en raison du pluriel verbal קמו ne peut être que le cor-
respondant de l'hébreu ין— et se rapporter à יאדי. — 4. Si
שנב n'est pas une faute pour שלם, « paix », on pense à un
nom formé d'une racine ﺳﻤﺎ, « être haut, élevé ». — חוין,
« ont annoncé, prédit », de חוי == חוה. — האל a tout l'air
d'être un pronom démonstratif pluriel comparable à הלין,
ﻫﺎﻭﻻﺀ. — 10. On n'aperçoit aucune liaison satisfaisante entre les
mots lisibles de cette ligne. — 11. יתר est ici un nom dérivé
du verbe יתר, « donner abondamment, prodiguer ». — 12. Un
nom divin ארקרשף, « terre de Rešef », me paraît impossible ;
il doit y avoir une erreur de graveur pour ואר · ורשף « et Or
et Rešef », ainsi que je l'ai supposé dans ma première étude.
— L'équation וכברו = וְכַבְּרָו, « et ses Cabirs », est sûre. Le
suffixe singulier de נתנה se rapporte à יתר. — 12. Il me paraît toujours que dans la première phrase, il est question d'un
vœu d'objets d'or (זהב pour יהב) fait par Panamou à ses
dieux. — 13. ארקן = ארצו, « son pays », est visiblement le
premier complément direct du verbe perdu dans la lacune. —
14. מקם me paraît maintenant désigner le monument funé-
raire que Panamou désire voir placé près de la stèle de
Hadad, (lire הרד au lieu de הד—). — 15. מן = מָן, ﻣﻦ,
mannu, « qui, quiconque ». — אברו = אַבְּרָו, ses hommes
puissants ». — 17. Peut-être א[ה] · פא, « celui qui est
là », allusion aux autres dieux mentionnés plus haut en com-
pagnie de Hadad. — Grâce au passage parallèle de 21-22,
les verbes ת[אכ]ל, « que mange », et תשתי, « que boive »,
sont au-dessus de tout doute. — Je préfère maintenant comprendre עד (== עַד ou עֹד ?) dans le sens de « pendant que »,
et voir dans la phrase mutilée qui suit le verbe [וי]אמר la for-
mule, probablement affirmative, que le sacrifiant doit réciter

à l'intention des dieux et de Panamou. — 19. Phrase pleine
de lacunes qui doit se rapporter à la construction d'un sanc-
tuaire. — 20 *b*-22 *a*. Répétition de la proposition 15-17 relative à l'association de Panamou avec Hadad pendant le sacrifice à offrir à l'intronisation d'un de ses descendants ; ici le
verbe תאכל se lit très distinctement. — La lacune qui suit le
mot הא devait contenir quelque chose comme « s'il n'agit pas
ainsi » ; l'apodose portait probablement en tête le nom de Hadad :
« que Hadad rejette (חדן ?) son sacrifice, etc. ». — 23.
חרא = חֳרִי, « colère », est le complément direct de ליתכה,
« qu'il verse sur lui », de שפך = נתך. — מֵרֹגֶז = ברגז,
« par suite, à cause de l'angoisse ». — 24. דלה (non עָלָה),
« trouble, confusion » ; à noter la forme du passé נתן em-
ployé dans un sens subjonctif ; cet arabisme semble s'appliquer
aussi au verbe חדן (22). — Le sens de מומת et son rôle dans
la phrase sont difficiles à expliquer ; sa réapparition à la ligne
suivante n'y ajoute aucune lumière. — 26. ברגז semble sup-
poser le parallèle [בחמס], « par la violence ». — Le verbe,
dont les compléments indirects régissent la préposition על,
est perdu dans la lacune et demeure très douteux. — 27.
Parmi les mots détruits au commencement de la ligne, il devait être question de celui qui endommagerait quelque objet,
soit personnellement, soit par un de ses familiers. La partie
conservée ajoute visiblement : « soit à la place (באשר = h.
במקום) d'un de ses familiers, ou à la place d'un de ses amis
(מודד = مُوَدّد), ou à la place (28) d'une de ses familières
(חדה · איחתה). — 28. Il n'est pas sûr qu'un verbe expri-
mant l'idée d'un blâme se trouvait dans la lacune ; l'objet en
cause peut donc être autre chose que la stèle désignée par
זכרי. — יגנב probablement יַגְנֵב, « fait voler », régit ici deux
accusatifs dont le premier איחיה, « (à) ses familiers », désigne
les voleurs. — Le sujet de ויקם est naturellement celui qui
donne l'ordre du vol. — J'incline maintenant à considérer נשה
comme le verbe qui doit former l'apodose des phrases qui dé-
signent les attentats commis sur le monument. Pour le sens,

je compare l'hébreu הִשִּׁיא, « induire en erreur, séduire, faire commettre un péché (Genèse, III, 13) », qui suppose le *qâl* נָשָׁא, « commettre un péché, un crime »; cette signification convient aussi au נשה de la ligne suivante. — 29. יאמר est au conditionnel : « s'il = si on ?) dit ». — Il est impossible de déterminer si והן doit être complété en והנו qui figure à la ligne 31, ou bien si c'est la forme factitive d'un verbe débutant par נ; on peut conjecturer והנ[ף] אנש ה[א]ל, « si cet homme lève la main sur le dieu de son père », c'est-à-dire s'il se met en voie d'accomplir la destruction de la stèle de Hadad ». — Je ne vois qu'un seul moyen de trouver un sens satisfaisant dans la phrase introduite de nouveau par יאמר, c'est de prendre le monosyllabe אל de cette ligne pour le démonstratif pluriel de l'hébreu et de ponctuer אֵל au lieu de אֶל. En partant de cette base, le אמרת qui précède sera un nom au pluriel répondant à l'hébreu אֲמָרֹת, « paroles »; la phrase attribuée à l'instigateur serait alors littéralement : « Mais (הֵן) si tu mettais ces paroles (relatives à l'ordre de détruire le monument) dans la bouche (30) d'un étranger », en d'autres mots : « Si on te dit : Au lieu de donner cet ordre en personne, charges-en une personne étrangère . » — 30. אמֹר doit être un impératif indiquant la réponse à faire à l'instigateur, et cette circonstance oblige à donner aux formes passées des verbes suivants la tournure subjonctivale, si usitée en arabe et que nous avons constatée pour les verbes החֵן (22) et נתן (24). Si cette conjecture est exacte, le passage mutilé après דלח pourrait être restitué approximativement de la manière suivante : או] חשך אם · פמ[י : « (Que mon œil soit paralysé, troublé ou obscurci) si mon ordre (= ma bouche) est mis dans la bouche des hommes ennemis », c'est-à-dire : Si je charge des gens malveillants de faire exécuter cet ordre comme s'il venait d'eux-mêmes. — Par כהנו commence une nouvelle sentence qui, malgré sa conservation parfaite, est énormément difficile à comprendre. En désespoir de cause, je me résous à voir dans זכר un participe actif avec la nuance assyrienne de « celui qui parle (זֹכֵר הָא), qui ordonne pour que tu l'anéan-

tisses (לְ — תֻגְמַר — וּ = לְהַגְמַרֻן) est son familier, son serviteur (31) (זְכְרֻן = as. *zikarshu*), que ce dernier l'écrase avec
des pierres ». — 31. Suit une phrase mutilée débutant encore par והנו et, ainsi que le prouve le féminin איחתה, spé-
cifiant le cas où l'instigation viendrait d'une femme de son
cortège ; elle aussi doit être lapidée (פַלְכַּתְּשֻׂנָה). — La dernière phrase à והנו me paraît maintenant s'adresser à l'hon-
nête homme qui s'abstiendra d'exécuter l'ordre inique du
puissant malveillant : « Et si tu n'as pas détruit (שַׁחַתָּ = שחת)
à sa place » (באשרה, 32). — 32. La conjecture émise dans
mon mémoire précédent de כי [בא[בד]ה · עינך · ותלעי
בטח] · על · קשחה · וגו', « et ton œil se réjouira de sa perte,
parce qu'il s'est confié] à son arc, etc. », conviendrait assez
bien au contexte ; nous ne la donnons cependant que sous bé-
néfice d'inventaire. — 33-34. יִשְׂרָה = ישרה, « équité (?) » ;
parmi ce qui suit, חמא signifie-t-il « poison » comme l'hébreu חֵמָה ?

B. *Inscription de Barrekoub (Bar).*

1 נצב · זן · שם · בררכב · לאבה · לפנמו · בר · ברצר · מלך ·
יאדי֗ . . . שב · שנת . קל . אבי . . פנמו · ב . . ק

2 אבה · פלטוה · אלה · יאדי · מן · שחתה · אזה · הות · בבית ·
אבוה · וקם · אלה · הדד . . . ק . . . . משבה · אל . . ו . . . ·
א . ושב . ו . שחת . . .

3 בבית · אבה · והרג · אבה · ברצר · והרג · שבעי : : : · איחי ·
אבה · ס . . . בעל · רכב · [ה[א . . . בה . . על . . א . . ך ·
בעל . . חל . . . מלך · פנמו . . . .

4 ויתרה · מת · מלא · מסגרת · והכבר · קירת · חרבת · מן ·
קירת · ישבת · ומ . ז . . . ק . . . . ש . . . . תשם .

5 הרב · בביתי · ותהרגו · חד · בני · ואגם · הוית · חרב · בארק ·
יאדי֗ · וחל . . אל . . פנמו · בר · קרל · א . . אני . . ם ·
ב . ר . . אבד . . . . .

6 שאה · ושורה · וחטה · ושערה · וקם · פרס · בשקל · ושטרב ·
תֵ[מֹר] · בשקל · ואסנב · משֹׁה · בשקל · ויבל · אבי · בר · . . .

7 עד · מלך · אשור · ומלכה · על · בית · אבה · והרג · אבן ·
שחת · מן · בית · אבה · . . . מן · אצר · . . . אלה · יאדי ·
מן · ב · . . . .

8 ופשש · מסגרת · והרפי · שבי · יאדי · וקם · אבי · והרפי · נשי ·
בס · . . . . בא · בית · קתילת · וקנואל · . . ב · . .

9 בית · אבה · והיטבה · מן · קדמתה · וכברת · חטה · ושערה ·
ושאה · ושורה · ביומיה · ואז · אכלת · ושֹׁת · . . .

10 זלת · מוכרו · וביומי · אבי · פנמו · שם · מת · בעלי · כפירי ·
ובעלי · רכב · והושֹׁב · אבי · פנמו · במצעת · מלכי · כֹבֹ . . .

11 בי · לו · בעֹל · כסֹף · ולו · בעל · זהב · בחכמתה · ובצדקה ·
פיאחז · בכנף · מראה · מלך · אשור · ר · . . .

12 אשור · פחי · ואחי · יאדי · וחנאה · מראה · מלך · אשור · על ·
מלכי · כבר · ברש · . . . . אשור

13 בגלגל · מראה · תגלתפלסר · מלך · אשור · מחנית · . . מן ·
מוקא · שמש · ועד · מערב · ו[כֹן] · . . . .

14 רבעתאארק · ובנת · מוקא · שמש · יבל · מערב · ובנת · מערב ·
יבל · מוֹ[קא · שֹׁ]מש · ואבי · . . .

15 גבלה · מראה · תגלתפלסר · מלך · אשור · קירת · מן · גבל ·
גרגם · . . . . . ואבי · פנמו · בר · בֹרצר · . .

16 שמרג · וגם · מת · אבי · פנמו · בלגרי · מראה · תגלתפלסר ·
מלך · אשור · במחנת · גם · . . . .

17 ובכיה · איהה · מלכו · ובכיתה · מחנת · מראה · מלך · אשור ·
כלה · ולקה · מראה · מלך · אשור · . . .

18 י · נבשה · והקם · לה · מבכי · בארח · והעבר · אבי · מן ·
דמשק · לאשר · ביומי · שר · . . . .

19 יה · ביתה · כלה · ואנכי · ברכב · בר · פנמ[ו] · בצד[ק] · אבי ·
ובצדקי · הושבני · מרא[י] · . . .

20 אבי · פנמו · בר · ברצר · ושמת · נצב · זן · . . . [אב]י · לפנמו ·
בר · ברצר · ובנֹית · ב · . . . . .

21 ואמר · במשות · ועל · יבל · אמן · יסמ . . יסמ · מלך · . . . .

ויבל̇ · יוקא · קדם · קבר · אבי · פנמו · . . .

22 וזכר · זנה · הא · פא · הדד · ואל · ורכבאל · בעל · בית ·

ושמש · וכל · אלהי · יאדי · . . .

23 י · קדם · אלהי · וקדם · אנש ·

TRADUCTION

1. Cette stèle a été élevée par Barrekoub à son père, Panamou, fils de Barṣour, roi de Ya'di. . . année. . . mon père Panamou. . .

2. son père, le sauvèrent les dieux de Ya'di de sa destruction qui fut (?) dans la maison de son père. Et se leva le dieu Hadad . . . . [et] détruisit. . .

3. dans la maison de son père, et tua son père Barṣour et tua soixante-dix (70) familiers de son père. . . maître de chars . . . . . . maître. . . roi Panamou. . .

4. et le reste aussitôt en remplit les prisons. Et il laissa plus de villes ruinées que de villes peuplées. . . . . . extermina (?)

5. l'épée, et elle tua un de mes fils. Alors (?) aussi il y eut l'épée dans le pays de Ya'di. . . . Panamou, fils de Korul. . . mon père. . . . . périt. . .

6. le blé, le. . . . . ? le froment et l'orge et le demi-sicle valut un sicle, le saṭrab de dattes (?) un sicle, le asnab d'huile (?) un sicle. Et porta mon père Bar'ṣour). . .

7. vers le roi d'Assour et il le fit régner (?) sur la maison de son père et tua l'auteur de la destruction de la maison de son père. . . . du trésor du dieu de Ya'di de. . . .

8. et ouvrit (?) les prisons et relâcha les prisonniers de Ya'di et mon père se leva et relâcha les femmes. . . .

9. la maison de son père, et il la mit dans un meilleur état qu'auparavant. Et abonda le froment, l'orge, le blé, le (?), en ces jours. Et alors, tu as mangé et bu. . .

10. . . . . ses vendeurs (?). Aux jours de mon père Panamou, il (le roi d'Assour) ordonna aussitôt des possesseurs de campagnes et des possesseurs de chars, et mon père Panamou fut placé au milieu des grands rois. . . . [Et mon]

11. père n'était ni possesseur d'argent, ni possesseur d'or; en raison de sa sagesse et de sa justice, il saisit le pan de son seigneur, le roi d'Assour. . .

12. Assour, il gouverna et unifia Ya'di. Et son seigneur, le roi d'Assour, le plaça au-dessus des grands rois, en tête (?). . .

13. à la roue de son seigneur Tiglatpiléser, roi d'Assour, [ses]
camps du lever du soleil jusqu'au coucher. Et de. . .

14. régions de la terre et le produit du levant il le transportait dans
l'occident, et le produit de l'occident il le transportait dans le
levant. Et mon père. . .

15. son territoire, son seigneur Tiglatpiléser, roi d'Assour, des
villes du territoire de Gurgum . . . Et mon père Panamou,
fils de Barṣour. . .

16. tomba malade, puis mourut mon père Panamou au milieu des
princes de son seigneur Tiglatpiléser, roi d'Assour, dans le
camp de. . .

17. et le pleura son personnel particulier et le pleura toute l'armée de son seigneur, le roi d'Assour. Et prit son seigneur le
roi d'Assour. . .

18. . . . de son cadavre et lui érigea un lieu de pleurs sur la route
et il fit transporter mon père de Damas au lieu (où il est re-
posé?) de mes jours et le pleu-

19. ra toute sa maison. Et moi, Barrekoub, fils de Panamou, c'est
en raison de la justice de mon père et de la mienne que mon
seigneur. . . me fit asseoir [sur le siège de]

20. mon père Panamou, fils de Barṣour, et j'ai posé cette stèle. . .
à mon père Panamou, fils de Barṣour, et j'ai construit. . .

21. et il en ordonna les revenus (?) et il l'approcha d'un ruisseau
intarissable et il fit couler le ruisseau devant le tombeau de
mon père Panamou. . .

22. Et celui qui proclame cela est ici Hadad, ainsi que El et Rekoubel, le maître de la maison, et Semeš et tous dieux de
Ya'di [mes sei-

23. gneurs devant les dieux et devant les hommes.

NOTES

Au sujet de ce texte, je renonce également à toutes les con-
jectures ayant pour but de compléter les lacunes, mais je
maintiens la presque totalité de mon interprétation et je n'y
introduis que les modifications qui sont notées ci-après.

2. אזה « qui (?) »; l'estampage donne plutôt אלה ; serait-ce
une faute de graveur? — 6. Après וישטרב, je vois des traces
de תמר, « dattes ». — Le ח de משח est extrêmement douteux.
— 9. ושורה comme à la ligne 6. — 10. En raison de la lacune que présente la fin de la ligne précédente, on ne peut
savoir si le groupe initial זלה est un mot entier ; il faut donc
en faire abstraction pour le moment; quant à מוכרן il ne peut

représenter autre chose que l'hébreu מוֹכְרוֹ, « son vendeur »,
ou מוֹכְרָיו, « ses vendeurs ». — 11. פיאחז et non כי אחז. —
12. וַאחי, « et il unifia », au lieu de וַאחז, « et il prit en possession ». - גַלְגֵּל == גלגל גַלְגַּל « roue, char (?) ». — 18. מבכי,
« lieu de pleurs »; cf. Genèse, L, 10-11.

SUPPLÉMENT

La phrase H 10-11, commençant par בימי et finissant par
רעיה, est une des plus énigmatiques de nos textes. Après un
examen réitéré, je propose de la rétablir ainsi qu'il suit :
ובימי · יחמר[· לאנשי · אר]קי · לנצב · קירת · ולנצב · זרדי ·
ולבני · כפירי · חלבב]תי · ו]יקח | אש · רעיה. Le réfléchi
יחמר, si la lecture est correcte, serait apocopé de יתאמר; les
deux לנצב qui suivent ne seraient pas des noms, mais des
infinitifs, probablement du *piʿêl*, et ce serait aussi le cas de
ולבני au sens de « défricher », qui est propre à בָּנָה dans
l'idiome de la Misna. Au lieu de זרדי qui ne dit rien à l'esprit,
je transcris זרדי, pluriel de l'hébréo-misnaïtique זֶרֶד, « bouture ». Le tout signifierait donc : « Et de mes jours il a été dit
aux gens de mon pays d'ériger les villes et d'ériger (== de
planter) des boutures et de défricher les campagnes de ma
majesté; et chacun prit ses compagnons (pour l'aider au travail). » Cette proposition ferait ainsi allusion à l'activité développée sous son règne pour réparer les ruines et les dévastations dont les villes et les campagnes avaient eu à souffrir dans
la période précédente.

VOCABULAIRE HÉTÉEN

א

אב « père ». — אבי «mon père »,
H. 8, 9; Bar. 1, 5, 6, 8, 10, 10-
11, 15, 16, 18, 19, 20, 21. — אבה
« son père », Bar. 1, 2, 3, 7, 9;
אבוה, Bar. 2.

אבד « périr », Bar. 5.

אבן (= בן, ar. اٻن) « fils » (?),
Bar. 7.

אבן « pierre ». — Pl. אבני « pierres », H. 31.

אבר (héb. אַבִּיר) « fort, grand ». —
אברו « ses forts, ses grands »
H. 15, 21.

אנם = גם, Bar. 5.

או « ou », H. 16, 26, 27, 30, 32, 33, 34.

אז (héb. אָז) « alors », H. 7; Bar. 9.

אזא = דא « qui », Bar. 2.

אח « frère ». — אהכם « votre frère », H. 29.

אחז « tenir, saisir, prendre en possession », Bar. 11.

אחי « unifier », Bar. 12.

איה « familier, gens ». — אוחה « son familier », H. 30; Bar. 17. — איהי « familiers », Bar. 3. — אוהיה « ses familiers », H. 27, 28. — אוהה « familière, servante ». — אוחתה « ses servantes », H. 28, 31.

אכל « manger », H. 9. — אכלת « tu as mangé », Bar. 9. — תאכל « elle mangera, qu'elle mange », H. 17, 21. — לאכל « à, pour manger », H. 23.

אל (héb. אֵל) « le dieu El », H. 2, 11, 18; Bar. 22.

אל (héb. אַל), nég. prohib. « ne, non », H. 23, 26.

אל (héb. אֵלֶה = אֵל) pron. dém. plur. « ces », H. 29.

אלב (héb. אָלֵף) « enseigner, commander ». — תאלב « tu commanderas », H. 24.

אלה « dieu », H. 29; Bar. 2. — אלהי « dieux », H. 4, 12, 19; Bar. 2 (אלה pour אלהי), 22, 23. — אלהו « ses dieux », H. 2.

אם (héb. אִם) « si », H. 29.

אמן (héb. אֹמֶן) « pacte, alliance (?) », H. 11 (?).

אמן (héb. אָמֵן) « fidèle, permanent », Bar. 21.

אמר « dire », Bar. 21. — יאמר « il dira », 17, 18, 21, 29. — אמר « dis », H. 30. — יתמר (pour יתאמר) « a été dit », H. 10.

אמרה « parole, éloquence ». — אמרתה « sa parole, son éloquence », H. 26, 32. — אמרת « paroles », H. 29.

אנך (phén. אנך) « moi, je », H. 1. — אנכי (héb. אָנֹכִי) « moi, je », Bar. 19.

אנש « homme », Bar. 23. — אנשי « hommes », H. 30.

אסנב (as. sinipu), nom d'une mesure, Bar. 6.

אצר (= אוצר) « trésor », Bar. 7.

אר (héb. אר « lumière »). Voyez ארסרשף.

ארה « chemin, route », Bar. 18.

ארק (prononciation araméenne pour ארץ,) « terre, pays », H. 5, 6, 7. — ארקו « son pays », H. 13.

ארמרשף, lecture douteuse; peut-être à séparer וארק ׳ רשף « quant au pays, c'est Rešef qui me l'a donné) », H. 11.

אש (héb. אִיש) « homme », H. 34.

אשור « Assour, Assyrie », Bar. 7, 11, 12, 13, 15, 16, 17.

אשם = שם « nom », H. 16, 21.

אשר (as. asru) « lieu, endroit », Bar. 18. — באשר « à la place de », H. 27. — באשיה « à sa place », H. 32.

את (= אַתָּ) « toi », H. 33.

ב

ב, préposition inséparable « dans, en, pendant, par, pour, etc. ». — בה « en lui, y », H. 17, 22.

בית « maison, famille », H. 9; Bar. 2, 3, 7, 8, 9. — ביתי « ma maison », Bar. 5.

בכי « pleurer ». — בכיה « il l'a pleuré », 17, 18-19; בכיתה « elle l'a pleuré », Bar. 17. — מבכי « lieu de pleurs », Bar. 18.

בֵּן « fils ». — בְּנֵי « fils de », H. 10.

בני « construire ». — בָּנִת « j'ai construit », H. 14 ; Bar. 20. — לִבְנָא « pour construire », H. 13, 14.

בני, *piel* (héb. בָּנָה) « défricher » ; לִבְנֵי, H. 10.

בנת (as. *binût*) « produits », Bar. 14.

בעל « seigneur, maître, possesseur », Bar. 11, 22. — בעלי « maîtres de », Bar. 10.

בעלמי, titre de Hadad « seigneur des eaux » (?), ou bien est-ce une faute du graveur pour בעלשמי « seigneur du ciel » (?), ou encore עלמי est-il un nom de lieu « dans 'Almi » ?

בר « fils », H. 1, 14 ; Bar. 1, 5, 15, 19, 20.

ברצר, n. pr. m., Bar. 1, 3, 15, 20.

בירכב, n. pr. m., Bar. 1. — ברכב, Bar. 19.

ג

גבל (héb. גְּבִיל) « territoire », Bar. 15. — גבלה « son territoire », Bar. 15.

גברה « force, puissance ». — גברתה « sa puissance », H. 32.

גלגל « roue, char », Bar. 13.

גם (héb. גַּם) « aussi », H. 8, 9 ; Bar. 16.

גמר « achever, détruire ». — להגמרו « pour que tu le détruises », H. 30.

גרגם, n. de pays, Bar. 15.

ד

דלה, v. « se troubler ». — דלה « que se trouble », H. 30.

דלה « trouble », H. 24, 30.

דמשק, n. de l. « Damas », Bar. 18.

ה

הא (הֲא) « lui, il », H. 30 ; Bar. 11, 22.

האל (ar. هاؤل), pron. dém. « celui-là », H. 5.

הן (héb. הֵן), adv. « certes », H. 29.

הדד, n. pr. d'un dieu « Hadad », H. 2, 8, 11, 13, 14, 18, 21, 22, 23 ; Bar. 22.

הוי « être » ; 3ᵉ pers. f. הוות, Bar. 4, et הות, Bar. 2.

הנו « si », H. 30, 31.

הרג (héb.) « tuer, massacrer, détruire », Bar. 3. — תהרגו « elle lui tue (= a tué) », Bar. 5. — תהרגה « tu le tueras », H. 33. — להרגה « pour le tuer », H. 34.

ו

ו, conjonction fréquente.

ודד, v. « aimer ». — מודדו « amis », H. 24. — מודדוה « ses amis, H. 27.

ומת (?), — מומת, H. 24, 26.

ותה (héb. אותו, aram. יָתֵה) « le, la », H. 28.

ז

ז. Voir מן.

זא, pron. démonst. « ce, cette » H. 18, 19.

זבח, v. « sacrifier, offrir ». — וזבח, H. 15, 16, 21.

זבח, n. c. « sacrifice, offrande ». — זבחה « son sacrifice, son offrande », H. 18, 22.

זהב « or », H. 12 (?) ; Bar. 11.

זו, pron. rel. « celui qui », H. 1.

זכר, v. « mentionner, prononcer ». — וזכר, H. 16, 17, 21. — Participe זכר « qui mentionne, prononce, atteste », Bar. 22.

זכר, n. c. « mention, monument ». — **זכרי** « mon monument », H. 28.

זכר (as. *zikaru*) « serviteur ». — **זכרו** « ses serviteurs », H. 31.

זלת, mot de lecture incertaine, Bar. 10.

זן, pron. démonst. « ce », H. 1, 14, 16, 21; Bar. 1, 20.

זנה (aram.) « ce », Bar. 22.

זר (héb. **זָר**) « étranger », H. 20, 34.

זרד (héb. **זֶרֶד**) « bouture »; pl. **זרדי** (pour **זרדי**), H. 10.

זרע « semence, postérité », H. 20.

זרר (?). Voir **זרד**.

ח

חד « un », H. 15 (?), 27; Bar. 5. **חדה** « une », H. 28.

ההן (?) « rejeter » (?), H. 22.

הוי « annoncer »; **החוי**. H. 4.

חטר « bâton, sceptre », H. 3, 9, 15, 20, 25.

חכמה « sagesse ». — **הכמתה** « sa sagesse », Bar. 11.

חלב (ar. حلف) « jurer, vouer ». — **חלבת** (?) « j'ai voué », H 12.

הלבבה « majesté », H. 3, 9. — **הלבבתי** « ma majesté », H. 13, 19 (?).

המא (?), H. 33.

חמס « violence », H. 26.

חנא « privilégier » (?). — **הנאה** « l'a privilégiée » (?), Bar. 12. — **הנאת** « j'ai été privilégié » (?), H. 19.

חנו « se poser, se placer, camper ». — **מחנה** « camp », Bar. 16. — **מחנתה** (?), Bar. 13.

תחץ ' = **חצץ** (?). — **תחס** « tu lanceras des flèches » ?, H. 34.

חרא (héb. **חָרִי**) « colère », H. 23.

חרב « épée », H. 9, 25; Bar. 5.

חרב, adj. « détruit, ruiné ». — **קורת חרבת** « villes détruites », Bar. 4.

י

ואדי (v. **אדי**, d'où héb. **אַד**, aram. **אֲדְוָתָא** « flot, vague », nom hetéen du pays appelé par les Araméens **שמאל** « Sam'al », H. 1, 15, 21, 25; Bar. 2, 5 7, 12, 22.

יבל (as. *uabbil*, aram. **וַבָל**) « porter, apporter, amener », Bar. 6, 14.

יבל (héb. **וּבָל**) « ruisseau », Bar. 21.

יד « main », H. 4 (?). — **ידי** « ma main », H. 2, 8. — **ידה** « sa main », H. 25.

יטב « être bon ». — **הוטבה** « il l'a fait meilleur », Bar. 9.

יום « jour ». — **ימי** « mes jours », H. 9, 10. — **וומי** « mes jours », Bar. 18. — **יומיה** « ses jours », Bar. 9.

יקא (héb. **יצא** aram. **יעא**) « sortir ». — **וסא** « il fit sortir », Bar. 21.

ישב « être assis, demeurer ». — **ישבת** « je me suis assis », H. 8. — **ישב** « il s'assiéra », H. 15, 20. — **הושבני** « il m'a fait asseoir », Bar. 19. — **הושבת** « j'ai fait demeurer », H. 19. — Part. pl. fém. **ישבת** « habitées, peuplées », Bar. 4.

ישר « être équitable »; **ישרה** « équité » (?), H. 33.

יתך (héb. **נתך**, v. « inonder ». — **ליתכה** « qu'il l'inonde », H. 23.

יתר, « surplus, reste, abondance », H. 11, 12. — **יתרה** « son reste », Bar. 4.

כ

כבר, V. « être vaste, nombreux, abonder ». — כברת « a été abondante ». Bar. 9. — הכרב « a rendu nombreux », Bar. 4.

כבר, n. c. « grandeur ». — מלכי כבר « grands rois » (mot à mot « rois de grandeur »), Bar. 12.

כבר, adj. (= héb. כַּבִּיר) « grand, fort ». — כבין « ses forts, ses Cabires », H. 11.

כל « tout », Bar. 22. — כלה « lui tout », Bar. 17, 19.

כנף « aile, pan d'habit », Bar. 11.

כסף « argent », Bar. 11.

כפיר « campagne, village » (?). Pl. כפירו, H. 10.

כרם « vigne, vignoble », H. 7.

כרת, V. « couper, trancher, conclure ». — ויכרת (?), H. 11 Voir זכר.

כתש « casser, piler, broyer ». — פלכתשה « alors qu'on le broie, le lapide », H. 31. — פלכתשנה « alors qu'on la lapide », H. 31.

ל

ל, préposition « à, pour ». — לי « à moi », H. 4. — לה « à lui », H. 23; Bar. 18.

לו (héb. לא). nég. « non, ne », Bar. 11. — פלו « mais non », H. 13.

לילא (héb. לַיְלָה) « nuit », H. 24.

לעי « jouir » (?). — ותלעי « et (ton œil) jouira », H. 32.

לסה « prendre », Bar. 17. — יסה « prenait », H. 10. — יקחו « prenaient », H. 12.

לשן « langue, mauvaise langue, médisance », H. 9.

מ

מה « quoi, ce que », H. 12.

מוסא (héb. = מוצא) « sortie du soleil, levant », Bar. 14. Voir יצא.

מהדזה (cf. héb. מֶזֶ) composé de מז « ce que », H. 3, 4, 22.

מחנה (héb. מַחֲנָה) « camp, troupe, armée », Bar. 16. — מהגיתה « son camp, ses troupes », Bar. 13. Voir הני.

בעלמי Voir מי.

מכר, V. « vendre ». — מוזרו « ses vendeurs », Bar. 10.

מלך, V. « régner ». — ימלך « il régnera », H. 25. — מלכה « l'a fait régner » (?), Bar. 7.

מלך, n. c. « roi », H. 14, 20; Bar. 12, 13, 15, 16, 17, 21

מן, pron. rel. (aram. מְנָא, as. mannu) « qui, quiconque », H. 15.

מן, prép. « de, parmi », H. 4, 9, 12, 15; Bar. 2, 4, 7, 9, 13, 15, 18.

מנע, V. « empêcher, priver ». — למנע « pour empêcher », H. 24.

מסגרת (héb. מַסְגֵּר) « prison, cachot ». — Pl. מסגרת « prisons », Bar. 4, 8. Voir סגר.

מערב « coucher du soleil, couchant, occident », Bar. 13, 14. Voir ערב.

מוצעה (aram., héb. אמצע) « milieu », H. 28. — מוצעת « milieu de », Bar. 10.

מקב (héb. מָקוֹם) « lieu, endroit », H. 14.

מרא (aram.) « seigneur ». — מראה « son seigneur », Bar. 11, 12, 13, 15, 16, 17. — מראי « mon seigneur », Bar. 19.

מרג Voir שברג.

משח (? aram. משחא) « huile », Bar. 6.

משות (pour משאות ?) « redevances » (?), Bar. 21.

מת, adv « aussitôt, alors ». H. 12, 13, 14, 28; Bar. 4.

מות, v. « mourir », Bar. 16.

נ

נבש (pour נפש) « âme ». H. 17, 21, 22.

נבש « monument funèbre ». — נבשה « son monument », Bar. 18.

נדב, n. c. « générosité, libéralité ». — נדבה « sa libéralité ». H. 33.

נצב, v. « ériger, planter »: לנצב. H. 10.

נצב (héb. נְצִיב) « stèle », H. 1, 10; Bar. 1, 20.

נשה v. « manquer, commettre un péché, un crime », H. 28, 29.

נשי pl. de אשה « femme », Bar. 8.

נתן (héb.) « donner »: passé נתן, H. 2, 8, 13, 14; pl. נתנו, H. 20. — Imp. יתן, H. 23; pl. ירבנ. H. 4, 12. — Nif‘al נתן « soit donné », H. 24.

ס

סגר, v. « serrer, fermer, enfermer ». Voyez מסגרת.

סמך, v. « appuyer, approcher ». — וסמלכה? (?), Bar. 21.

סעד, v. « faire un repas ». — Hif. וסעד « donnera un festin »; H. 15, 21.

ע

עבד (héb. עָבַד), v. « cultiver la terre ». — יעבדו « ils cultivent », H. 7.

עבר, v. « passer ». — Hif‘il העבר « a fait transporter », Bar. 18.

עד « jusque », Bar. 7, 13.

עד (héb. עוֹד) « encore », H. 17.

על « sur, au-dessus de ». H. 8, 15, 20, 25, 26, 32, 33; Bar. 7, 19, 21. — עליה « sur lui », H. 34.

בעלמי. Voir עלמי.

עם « avec, chez », H. 17, 22. — עמי « avec moi », H. 2, 3. — עמך « avec toi », H. 17.

עין « œil ». — עיני « mon œil », H. 30. — עינך « ton œil », H. 32.

פ

פ, conjonction contractée de אף (= ar. ف) « alors, ainsi, donc, mais », H. 5, 11, 18, 19. 30, 31; Bar. 11.

פא (héb. כֹּא) « ici », H. 33; Bar. 22.

פחי (de פֶּחָה = as. pahatu « préfet, gouverneur, satrape »). v. « gouverner », Bar. 12.

פלטוה (פַלֵט פלט) « sauver ». — « l'ont sauvé », Bar. 2.

פם (aram. פום, ar. فم) « bouche », H. 29, 30.

פנמו, n. pr. m. (carien Παναμυης) « Panamou »: 1° l'aîné, fils de Qorul, H. 1, 14, 17, 22; Bar. 5; 2° le jeune, fils de Barsour, Bar. 1, 3, 10, 15, 16, 19, 20, 21.

פרס (פְּרָס) « demi-sicle », Bar. 6.

פשש (as. pasasu) « démolir, détruire, ouvrir », Bar. 8.

צ

צדק « justice », Bar. 19. — צדקי « ma justice », Bar. 19. — צדקה « sa justice », Bar. 11.

צר (héb. צָר. ar. , aram. עָר) « ennemi, adversaire » — Pl. צרי. H. 30.

ק

כבר « tombeau », Bar. 22.

קדם « devant », Bar. 22, 23.

קדמה « état antérieur ». — קדמתה « son état antérieur », Bar. 9.

קום, v. « se lever ». — Passé קם, H. 3; Bar. 2; pl. קמו, H. 2. — *Hif.* הקם « a érigé ». — הקמת « j'ai érigé », H. 1, 14. — יקם ... ותה « l'érigera ».

קם « valoir », Bar. 6.

קום avec עין (cf. I Rois, xiv, 4), קם עיני « que j'aie l'œil paralysé », H. 30.

קיר (héb. קיר) « mur, ville »; pl. קירת, H. 10; Bar. 4, 15.

קנואל, peut-être un nom propre, Bar. 8.

קרל, n. pr. m. = Κοραλς (personnage paphlagonien), H. 1, 13, 14; Bar. 5.

קרן « corne, puissance »; pl. קרני H. 13.

קשת « arc ». — קשתה « son arc », H. 26, 32.

קתל (= ar. قتل) « tuer » — (קתילת) קתילה, Bar. 8.

ר

רבע « région »; pl. רבעת, Bar. 4.

רגז « colère, inquiétude », H. 23 (?), 26.

רכב « char de guerre », Bar. 10.

רכבאל, n. pr. d'un dieu, H. 2, 11, 18; Bar. 22.

רע (héb. רֵעַ) « ami »; pl. av. suf. רעוה « ses amis », H. 11.

רפי « être lâche, faible ». — הרפי « il a relâché », Bar. 7.

רקי (héb. רצה, ar. رضي) « agréer ». — ירקי « agréera », H. 22.

רשי (éth. ረሥየ) « faire, accomplir, infliger », H. 27, 28.

רשף, n. pr. d'un dieu identifié avec Apollon.

ש

שאה (as. *šeum*, éth. ሥርናይ) « blé », Bar. 6, 9.

שבי « captifs », Bar. 8.

שבעי, nom de nombre, 70, Bar. 3.

שורה (héb. שׂורה), avoine (?), Bar. 6, 9.

שחת, v. « endommager, mutiler »; 2e pers. pas. שחת (pour שחתת) « tu as détruit, mutilé », H. 31. — *Hif.* imp. השחת « détruis », H. 29.

שחת, n. c. m. « destruction, perte », H. 27, 28. — שחתה « sa perte », Bar. 2.

שטרב, nom d'une mesure, Bar. 6.

שי (héb. שַׁי) « présent, offrande », Bar. 18.

שום, v. « poser, placer »; passé שם, Bar. 1, 10. 1re pers. שמה « j'ai posé, érigé », Bar. 20. — 2e pers. שבת « tu mets, poses », H. 29.

שלה, v. « envoyer, tendre »; ישלה, H. 25.

שם (héb. שׁוּם) « ail »; pl. שמי, H. 6.

שם (héb. שָׁם) « là », H. 8.

שמד « détruire, exterminer »; 3e pers. f. תשמד, Bar. 4.

שמרג (as. *sumrusu*) « être malade »; passé, Bar. 16.

שמש, nom du dieu Soleil, Bar. 13, 14.

שנה « an, année »; שנת, Bar. 1.

שנה « sommeil », H. 24.

שנם « grandeur, élévation » (ar. سنم (?), H. 4.

שערה « orge », Bar. 6, 9; pl. שערי, H. 5.

שקל « sicle », Bar. 6.

שתא (?) « boisson » (?), II. 9.

שתי, v. « boire »; imparf. הישתי « elle boira », II. 17, 22.

ת

תגלתפלסר, u. pr. m. Tiglatpiléser III, roi d'Assyrie, Bar. 15, 16.

REMARQUES SUPPLÉMENTAIRES

La langue des deux inscriptions II. et Bar. que je viens d'étudier pour la seconde fois représente incontestablement l'idiome local du royaume de Ya'di, situé à l'extrême nord de la Syrie, à proximité de l'Amanus, région que les Hébreux (Josué, I, 1-4 : I Rois X. 29 : II Rois, VII, 6), les Égyptiens et les Assyriens désignaient d'un commun accord par le nom de *Hitti* (חתי), *Khita* et *Hatti*. Une autre désignation géographique de cette région n'ayant pas existé à l'époque historique, on est autorisé à donner à cet idiome le nom de hittite ou hétéen. Il est foncièrement sémitique et n'a rien de commun avec les langues parlées anciennement en Cappadoce, au haut Euphrate et en Asie Mineure, langues qui forment une famille particulière dont la parenté avec les langues existantes de nos jours n'a pas encore pu être déterminée. Pour les Assyriens qui envahissaient la Syrie constamment par la route du nord, la dénomination *Hatti* englobait très souvent la totalité de ce pays qu'ils désignaient aussi par le qualificatif *Ahurru*, « pays de derrière, Occident ». Les Égyptiens, de leur côté, qui manquaient de notions exactes sur l'ethnographie de ces contrées éloignées, confondaient parfois dans la désignation de *Khita* les éléments cappadociens et allophyles qui faisaient le service d'auxiliaires dans les armées hétéennes, mais ces généralisations qui ont leur analogie dans la nomenclature géographique de beaucoup d'autres peuples anciens et modernes, n'infirment en aucune manière le résultat qui ressort des témoignages unanimes de l'antiquité relativement à l'origine syro-sémitique des Hittites. Les monuments à inscriptions cappadociennes qu'on a trouvés à Hamath et dans d'autres parties de la haute Syrie appartiennent sans aucun doute à des envahisseurs du nord qui ont réussi à s'établir pendant quelque temps dans ces régions, mais ne viennent nullement des aborigènes du pays. Ce fait frappe de nullité toutes les tentatives

de déchiffrement qui partent de ce point que les hiéroglyphes
de Hamath et de la Cappadoce recèlent la langue des Hittites ;
cette dernière, ainsi que je l'ai démontré depuis bien des
années, est purement sémitique et appartient au groupe de la
Syrie septentrionale, dans lequel se range naturellement le dialecte de Ya'di-Sam'al exprimé par les deux inscriptions en
cause.

Une autre question est celle de savoir si l'hétéen doit être
classé dans la famille phénicienne ou bien dans les variétés de
l'idiome araméen. En faveur de cette dernière alternative, on
invoque d'ordinaire des mots comme בר, מרא, חד, dont
l'aramaïsme exclusif est loin d'être prouvé. La transition de
ـﻎ en ק dans ארק ... ـﺮﻳ, יקא ... יצא, ⲙⲟⲟⲗ, רקי ... ـﻎﻳ,
placée en face de צר ... ـﺾ où le צ reste intact, suggère
l'idée qu'elle est due à une influence momentanée de l'araméen plutôt qu'à la nature primitive du dialecte local. Et ce
sentiment ne peut que se fortifier quand on trouve une fois la
forme tout araméenne זנה à côté de celle plus fréquente זן et
en opposition avec le génie général de cet idiome qui ne con-
naît point la terminaison emphatique dans les noms et les ad-
jectifs. L'absence absolue de cette terminaison commune à
tous les dialectes araméens n'a son analogie que dans la
famille hébréo-phénicienne. Le manque d'un article prépositif
n'est pas contraire à ce classement, ainsi que nous le savons
par l'éthiopien qui n'en possède pas non plus, sans qu'on
puisse lui contester pour cela sa place dans le groupe des
langues sémitiques du sud. Pour une orientation plus large, il
nous paraît utile de présenter ci-après un aperçu détaillé des
particularités que nous avons pu constater jusqu'à présent
dans le dialecte de nos inscriptions :

1. Le nom local du pays est toujours יאדי, jamais שמאל,
« le nord », nom qui est sans aucun doute dû aux Araméens
qui sont venus du sud.

2. Le צ sémitique du nord, lorsqu'il correspond à un ـﺾ
arabe et à un ע de l'araméen postérieur, se change ordinaire-
ment en ק ; ainsi ארק, רקי, יקא, etc., pour ـﺾﺭﺍ, ـﻎﻳ, ⲙⲟⲟⲗ,
aram. ארעא (ארקא), רעא, יעא.

3. Quelquefois, le צ susmentionné se change en ג; ex. שמרג
pour שמרץ, de מריץ, ar. ‫مريض‬, aram. מרע.

4. Cependant le mot צרי, qui vient de ‫صر‬ conserve le צ
sans aucune modification.

5. Adoucissement du פ en ב dans נבש, חלב, אלב, pour
נפש, חלף, אלף.

6. Emploi de l'*aleph* prosthétique, comme l'arabe dans
אבן (‫إِبِن‬), אשם (‫ـم‬).

7. Manque absolu d'état emphatique, ainsi que d'article
prépositif.

8. Le pluriel masculin est indiqué par ־ִי, sans aucune
autre addition.

9. Le pronom de la première personne, singulier, est אנך
ou אנכי, jamais אנה.

10. Le suffixe possessif de la troisième personne au singulier est ה־ ou ו־; au pluriel יה־ ou ו־, jamais והי־.

11. Les verbes dont la troisième radicale est un י conservent
toujours cette lettre.

12. La forme passée des verbes peut être employée dans
un sens subjonctif, comme en arabe.

13. Emploi de פ conjonctif, comme en arabe.

14. Emploi des particules את, גם, qui sont particulières à
l'hébreu et au phénicien.

15. Usage de mots que l'on ne rencontre pas dans les
autres langues sémitiques connues.

Ces faits nous semblent justifier l'opinion émise plusieurs
fois par nous que l'hétéen, malgré l'influence araméenne, constitue un idiome à part du groupe hébréo-phénicien.

En terminant, il n'est peut-être pas superflu d'ajouter que
le texte revu confirme, au delà de mes prévisions, l'exactitude
générale de ma traduction de II 17-22, où j'ai trouvé, en 1894,
l'énonciation relative au dogme de l'immortalité de l'âme et de
sa déification finale en récompense de sa vertu. L'âme du juste
mange et boit avec le dieu national Hadad et partage avec lui
les jouissances et les honneurs à l'occasion des cérémonies les
plus solennelles. Les « historiens de génie » qui refusaient cette
croyance aux Sémites, après leur avoir refusé la faculté mytho-

logique en général, sont démentis par des documents authenti-
ques remontant à des centaines d'années avant la naissance des
sept sages de la Grèce. Pour les études de l'antiquité hébraïque,
l'intérêt principal de cette constatation réside dans le grand
jour qu'elle jette sur des passages tels que Deutéronome, XXVI,
13-14, et Psaumes, CVI, 28, où les sacrifices aux idoles sont
regardés comme des sacrifices funéraires.

APPENDICE

INSCRIPTIONS ARAMÉENNES DE BARREKOUB.

Inscription architecturale.

№		Traduction
1	אנה · בר|ר|כב	Je suis Barrekoub,
2	בר · פנמו · מלך · שמ	fils de Panamou, roi de Sam-
3	אל · עבד · תגלתפליסר · מרא	'al, serviteur de Tiglatpiléser, sei-gneur
4	רבעי · ארקא · בצדק · אבי · ובצד	des régions de la terre. En raison de la justice de mon père et de
5	קי · הושבני · מראי · רכבאל	la mienne, m'ont fait asseoir mon seigneur Rekoubél
6	ומראי · תגלתפליסר · על	et mon seigneur Tiglatpiléser sur
7	כרסא · אבי · ובית · אבי · ע	le trône de mon père. Et la mai-son de mon père a pei-
8	מל · מן · כל · ורצת · בגלגל	né le plus. Et j'ai couru près de le route de
9	מראי · מלך · אשור · במצע	mon seigneur, le roi d'Assour, au mi-
10	ת · מלכן · רברבן · בעלי · כ	lieu de grands rois, possesseurs d'ar-
11	סף · ובעלי · זהב · ואחזת ·	gent et possesseurs d'or. Et j'ai pris
12	בית · אבי · והיטבתה ·	la maison de mon père et je l'ai rendue meilleure
13	מן · בית · חד · מלכן · רברב	que la maison d'un des grands rois
14	ז · והתנאבו · אחי · מלכי	et mes frères les rois ont ap-plaudi
15	א · לכל · מה · טבת · ביתי · ו	à tout ce qui concerne le bien de ma maison. Et
16	בי · טב · לישה · לאבהי · מ	il m'a plu de vouer à mes pères, les
17	לבי · שמאל · הא · בית · כלמ	rois de Sam'al, ce *Baït-Kala-*
18	ו · להם · פהא · בית · שתוא · ל	*mou*, à eux (seuls). Il leur sera une maison d'hiver
19	הם · והא · בית · כיצא · ו	et il sera (aussi) une maison d'été. Et
20	אנה · בנית · ביתא · זנה ·	c'est moi qui ai construit cette maison.

J. HALÉVY.

Paris. — Imprimerie G. Maurin, 71, rue de Rennes.